ITALIENISCH SCHIMPFEN

Klaus Humann

ITALIENISCH SCHIMPFEN

Beleidigungen, Flüche, Sauereien

**Mit landesüblichen Unflätigkeiten
von Luisa Comune**

Eichborn Verlag

© Eichborn AG, Frankfurt am Main.
Umschlaggestaltung: Dö VanVolxem, unter Verwendung einer
Zeichnung von Matthias Siebert.
Gesamtproduktion: Fuldaer Verlagsagentur, Fulda

ISBN 3-8218-1970-7.

Verlagsverzeichnis schickt gern:
Eichborn Verlag, Kaiserstr. 66, D-60329 Frankfurt am Main.

Inhalt

Vorbemerkung 6
Gelandet. Am Flughafen 10
Blick ohne Meer. Im Hotel 12
Mit Eis, bitte! An der Bar 14
Wissen, wo es langgeht. Im Fremdenverkehrsamt . 16
Wolkenlos und Wolkenbruch. Das Wetter 18
Die heimische Küche. Im Restaurant 20
Allein unterwegs. Er fühlt sich angemacht 22
Allein unterwegs. Sie wird angemacht 24
Rundfahrt mit Pinkelpause. Im Bus 26
Auf eigene Faust. Die Autoverleiher 28
Kultur tanken. Das Museum am Ort 30
Burgen, Cremes und Liegestühle. Am Strand 32
Die Nacht zum Tag machen. In der Disco 34
Souvenirs, Souvenirs. Beim Einkaufen 36
Wehwehchen unterwegs. Arztbesuch 38
Keine Kohle an Bord. Auf der Bank 40
Deine Freunde, deine Helfer. Die Polizei 42
Basisschimpfen von A(asgeier) bis Z(imtzicke) 44

Vorbemerkung

Unser Urlaub ist auch nicht mehr das, was er (vielleicht?) einmal war. Statt dem Gast die schönsten Wochen des Jahres zu schenken, versucht die eingeborene Bevölkerung diesseits und jenseits des Äquators ständig, den Fremden (Frauen eingeschlossen) nach Strich und Faden auszunehmen. Und das Gemeine dabei ist: Wir können uns nicht wehren. Obwohl wir sonst nicht aufs Maul gefallen sind, wenn es darum geht, zu Hause den Autoritäten und denen, die sich dafür halten, Paroli zu bieten, stottern wir nur rum, suchen nach Worten und sind – jede(r) kennt das – ohne jede Chance, unserem Gegenüber über den Mund zu fahren.

Damit ist es fortan vorbei. Es gibt »ITALIENISCH SCHIMPFEN«. Auch im Urlaub kämpfen können, nicht länger wehrlos sein müssen, sich nicht länger Mackern und Matronen ausliefern müssen, endlich gegenhalten können, Druck machen oder bloß Dampf ablassen – das ist unser Ziel. Denn wenn schon die Erholung im Eimer ist, wollen wir uns doch wenigstens an den schönsten Streit dieser kostbaren Wochen erinnern können. Bravo, wollen wir wieder sagen können, tapfer, alter Junge, altes Mädchen, denen hast du es aber gegeben. Ändern wirst du sie zwar nicht, aber sie dich wenigstens auch nicht. Nicht dieses Mal.

»ITALIENISCH SCHIMPFEN« führt Euch in 17 typischen wie traumatische Urlaubssituationen ein und gibt Euch Sätze an die Hand, mit denen Ihr zurückschlagen könnt: gnadenlos und unerbittlich. Da, wo auf Grund Eurer Frechheiten Gefahr drohen könnte, haben wir einen Totenkopf (☠) danebengesetzt. Dennoch müßt Ihr auch bei den anderen Schimpfkanonaden damit rechnen, nicht gerade liebevoll behandelt zu werden. Und am Ende des Buches haben wir die Standardausdrücke der Unflätigkeit zusammengestellt: »Basisschimpfen von A(asgeier) bis Z(imtzicke)«. Damit könnt Ihr Euch in Notwehrsituationen und solchen, die darauf hinauslaufen könnten, mit geringen Sprachkenntnissen phantasievoll zur Wehr setzen. Ihr werdet sehen: Die Achtung vor dem Gast wird steigen, und Euer Gefühl permanenter Unterlegenheit wird dahinschmelzen wie die Eiswürfel in Eurem zu warmen Gin Tonic. Wie Ihr Euch dagegen wehrt, könnt Ihr im Kapitel »Die Nacht zum Tag machen. In der Disco« nachschlagen.

Klaus Humann

PS: Wem am vorletzten Tag nach Versöhnung zumute ist und wer wenigstens dann Frieden mit der Welt schließen will, für den/die gibt es »LIEBESSCHWÜRE ITALIENISCH«. Gleiche Ausstattung, gleicher Preis, dreifacher Wiedergutmachungswert.

Der Unterschied

Es ist nicht der einzige Unterschied zwischen Italien und Deutschland: Während diesseits der Alpen viel Geschimpfe um den Hintern gemacht wird, gilt in Italien ähnlich viel Aufmerksamkeit dem vorderen Anhängsel des Mannes. Geht man danach, wie oft – von ausdrucksstarken Gesten begleitet – das Wort cazzo verwendet wird, und zwar von alt und jung, arm und reich, Männern und – doch, doch, auch Frauen, müßte man meinen, es gäbe nichts Wichtigeres. Cazzo!, das ist eine üble Beschimpfung, bringt aber auch, etwa beim Durchblättern der Sportzeitung, ganz simpel Erstaunen, Bewunderung oder Zorn zum Ausdruck. Als Schimpfwörter beliebt sind natürlich auch die Namen von Körperteilen, die zum cazzo gehören. Doch nur ein Wort, und das wiederum erinnert an deutsche Gewohnheiten, erreicht annähernd den Beliebtheitsgrad des cazzo: der stronzo! Aber selbst der blödeste stronzo ist so klug, die Beleidigung cornuto sparsamst zu dosieren: gehörnt zu sein, das geht an die Mannesehre, und damit ist ja bekanntlich nicht zu spaßen.

Luisa Comune

Gelandet.
Am Flughafen

Du hast es geahnt: Wieder einer der Urlaube, die schon am Tag des Abflugs falsch laufen. Erst hat die Maschine reichlich Verspätung, und als ihr, müde und ausgelaugt, ankommt, ist das Gepäck irgendwo, nur nicht dort, wo ihr es haben wollt. Und die wackeren Männer vom Zoll lassen sich diesmal beim Filzen besonders viel Zeit.

Sitzt du auf deinen Ohren, oder willst du mich nicht verstehen?	Ce sei o ce fai?
Heller Wahnsinn, das!	Pazzia pura!
Bei euch ist heute wohl die Kacke am Dampfen?!	Oggi da voi si é scatenato l'inferno
Schmeiß den Wisch schon rüber!	Dammi quel pezzo di carta!

Blick ohne Meer.
Im Hotel

Müde seid ihr, wollt nur noch schlafen. Zuerst hört es sich noch wie ein Witz an, als der Mann an der Rezeption nichts von eurer Buchung weiß. Kann ja schließlich jedem mal passieren. Doch dann läßt er sich erweichen. Nur daß das Zimmer wenig mit dem zu tun hat, was euch der Veranstalter in seinem Prospekt erzählt hat.

Das darf doch wohl nicht Ihr Ernst sein?!	Ma non é possibile!
Vollkommen vergammelte Bruchbude!	Ma questa é una baracca!
Unsere Matratzen sind total versifft!	I materassi sono lerci!
Ihre Leute gehören wohl auch zur Null-Bock-Fraktion?	Suoi amici sono del giro degli svogliati

Diese Miefbude hier nennen Sie im Ernst Zimmer?

Questa cesso lo chiamerebbe stanza?

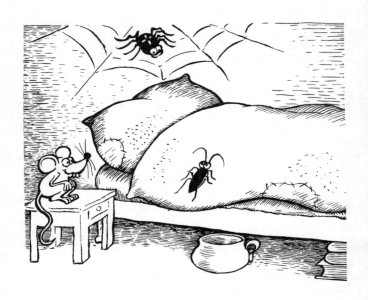

»Antike Einrichtung« ist ja wohl noch geschmeichelt!

«Arredamente antiquato» é ancora un complimento!

Mit Eis, bitte!
An der Bar

Ist schon das Zimmer nicht das Gelbe vom Ei, so soll euch die hauseigene Bar wenigstens verwöhnen. Nach der Devise: Drinks vom Feinsten und eine Musik, zurückhaltend und zugleich anmachend. Aber ihr habt euch zu früh gefreut.

Euer Laden hier ist aber ein voller Schuß in den Ofen!	Questo posto é uno schifo assoluto!
Ist die Stimmung immer so abgeschlafft?	C'é sempre questo mortorio?
Stellt doch bloß mal die Katzenmusik etwas leiser!	Ma abbassate questo musica del cazzo!
Ach, rutscht mir doch alle den Buckel runter!	Ma andate tutti al diavolo!

Mein Bier schmeckt echt nach eingeschlafenen Füßen!

La mia birra sembra piscio di cavallo!

Wissen, wo es langgeht.
Im Fremdenverkehrsamt

Ob du es willst oder nicht – irgendwann am Anfang des Urlaubs landest du bei den unvermeidlichen Fremdenführern und läßt dir Stadtpläne und Prospekte der Sehenswürdigkeiten in die Hand drücken: rührende Bilder, sperrige Texte, unzuverlässige Wegbeschreibungen und falsche Öffnungszeiten.

Ihre sogenannte »Promenade« soll wohl ein Witz sein, wie?	Ma scherziamo questo sarrebbe un corso?!
Kann man sich hier gegen Nepp versichern lassen?	Come facciamo a non essere presi per il collo?
Sie sind wohl alle völlig von der Rolle?!	Siete tutti una manica di pazzi!
Lassen Sie bloß mal Ihr Rumgesülze!	Smettetela di blaterare!

Wo finde ich in diesem Drecksnest bloß ein gutes Restaurant?

Dove diavolo posso trovare in questo buco un buon ristorante?

Ich verstehe leider nur Bahnhof!

Non capisco un cazzo!

Bin ich hier am Arsch der Welt, oder was?

Ma dove siamo capitati?

Wolkenlos und Wolkenbruch.
Das Wetter

Überall auf der Welt das Thema Nummer 1 ist – nein, das nicht – das liebe Wetter. Entweder ist es zu heiß oder zu kalt oder zu windig oder zu stickig oder einfach zu – normal. Eben nie, wie man es gern hätte.

Scheißwetter!   Tempo di merda!

Heute regnet es mal   Oggi piove a dirotto!
wieder Bindfäden!

Wenn das noch lange so   Se continua ancora cosí,
weitergeht, flippe ich   do i numeri
aus!

Das ist ja bald nicht mehr zum Aushalten!

Non si regge piú!

Affenhitze!

Si crepa di caldo!

Ich glaub, ich krieg 'nen Föhn!

Esco di cervello!

Die heimische Küche.
Im Restaurant

Essen gehen in der Fremde ist wie eine Bergwanderung mit verbundenen Augen – eines der letzten Abenteuer. Aber darauf ist der erfahrene Tourist eingerichtet. Doch wie leicht schlägt Gastfreundschaft – zumal in der Hochsaison – um in Bauernfängerei. Und da geht das Abenteuer erst richtig los.

Sie wollen uns wohl verarschen, guter Mann?!	Ci vuole prendere per il culo?!
Sollen wir diese salzige Pampe essen?	Dovremmo mangiare questo porcheria salata?
Das Fleisch ist zäh wie 'ne Schuhsohle!	La carne é dura come una suola di scarpe!
Die Rechnung ist ja wohl der Gipfel!	Che vergogna, il conto é proprio una esagerazione!

Unter aller Kanone, eure »Spezialität des Hauses«!

E queste schifezze sarebbero la specialitá della casa!

Allein unterwegs.
Er fühlt sich angemacht

Was ist ein Urlaub ohne die schnelle Eroberung am Strand oder den heißen Flirt beim Abendessen. Meist endet das aber nicht wie im Märchen, und manche Urlaubsbekanntschaft verliert ihren Glanz, bevor zu Hause die Urlaubsfotos abgezogen sind.

Du klebst an einem wie 'ne Klette!	Mi stai sempre appiccata/o addosso!
Alte, du nervst echt!	Sei proprio scocciante!
Heute siehst du aber fix und foxi aus!	Sei distrutta oggi?!
Du gehst mir reichlich auf die Eier!	Mi staí proprio sulle palle

Allein unterwegs.
Sie wird angemacht

Die Reise, auf der frau unterwegs nicht angemacht wird, muß wohl noch erfunden werden. Auch bei strahlender Sonne, gekühlten Getränken und charmanten Komplimenten kann das der Einsamsten auf den Zeiger gehen.

Du bist ja noch grün hinter den Ohren!	Hai ancora il latte dietro le orecchie!
Kehr bei mir bloß nicht den Macker raus!	Non fare il bullo!
Nimm deine unegalen Pfoten da sofort weg!	Giú le zampe!

Was bildest du dir bloß ein, du aufgeblasener Gockel?

Chi ti credi di essere, bulletto di periferia!

Deine Anmache kotzt mich echt an!

A moré, gira il culo e vattene!

Mach dich selten!

Sparisci!

Rundfahrt mit Pinkelpause.
Im Bus

Sehen wollt ihr was von der Gegend, und teuer soll es auch nicht sein. Ist es ja auch nicht, aber doch teuer erkauft.

Du hast wohl einen an der Waffel?   Ti manca una rotella?

Wohl noch nie was vom »Dienst am Kunden« gehört?   Mai sentito parlare di «buon servizio»?

Ich glaub, mich tritt ein Pferd!   Roba da matti!

oder: Mit diesem Fahrer habe ich wohl das große Los gezogen

Con quest' autista ho vinto il gran premio

Die Karre fällt bestimmt gleich auseinander!

Questa carretta va in pezzi!

Du fährst wie eine gesengte Sau!

Guidi come un pazzo!

Auf eigene Faust.
Die Autoverleiher

Euer Hotel liegt zu weit vom Strand weg, und eure Kinder bestehen darauf, jeden Tag alle Spielsachen mitzunehmen. Da bleibt euch nur der Autoverleih, und die Leute da wissen, wie unentbehrlich sie sind.

Sie wollen uns doch wohl nicht diese Rostschleuder unterjubeln?!	Non vorrebbe mica appiopparci questo cartorcio!

Man hat Sie als Kind sicher zu heiß gebadet!	Sic caduto/a da piccolo/a dal seggiolone!

Von wegen Kratzer. Nun mach dir mal nicht ins Hemd!

Macché graffio. Non cacarti sotto!

Ihr habt aber gesalzene Preise!

Avete dei prezzi salati!

Ihr wollt uns Touristen wohl ausnehmen wie 'ne Weihnachtsgans?!

Volete proprio prendere per il collo noi turisti!

Kultur tanken.
Das Museum am Ort

Was ist gutes deutsches Tourist, das braucht Kultur. Besonders in der Fremde. Davon habt ihr ganz genaue Vorstellungen. Wie froh seid ihr deshalb, daß euer Kaff auch mit einem solchen »Kulturinstitut« gesegnet ist.

Weiß deine Großmutter, daß ihr ganzer Plunder jetzt hier hängt?

Ma tua nonna sa che avete svuotate la soffitta?

Mickriges Kunstgewerbe. Damit können Sie doch keinen Hund mehr hinter dem Ofen hervorlocken!

Che mercatucolo! Non c'é un cane a cui potrebbe interessare!

Ich glaube, es geht los! Roba da pazzi!

Diese Schinken hier an den Wänden sollen wohl Kunst sein? E queste croste le chiamano arte?

Burgen, Cremes und Liegestühle.
Am Strand

Der heimische Baggersee setzt den Standard, und alles, was sich in der Fremde »Strand« nennen darf, muß dagegen abfallen.

Ihr seid hier aber überhaupt nicht auf Zack!

Non siete svegli per niente!

Ist das hier die Müllkippe oder der Strand?

Questa é la discarica o la spiaggia?

Was soll der Eiertanz um die blöde Liegestuhlmiete?

E che cos' é tutto questo casino solo per l'affitto di una sedia a sdraio?

In dieser Kackbrühe kann man ja wohl unmöglich baden!

É impossibile fare il bagno in questa acqua zozza!

Wollt ihr uns etwa für dumm verkaufen?

Volete prenderei in giro?

Die Nacht zum Tag machen.
In der Disco

Wenn ihr schon der Musik wegen nachts in eurem Hotel nicht zur Ruhe kommt, dann wollt ihr wenigstens auch einmal dabeisein. Aber wenn, wie schon befürchtet, die Musik sich auf dem kleinsten gemeinsamen Geschmacksnenner einpendelt, dann seid ihr auf einmal nicht mehr so sicher, ob eure Entscheidung richtig war.

Was ist denn das für ein Bumslokal hier?

Ma che buco é questo?

Selten so öde Musik gehört!

Mai sentito una musica cosí scadente!

Dieser Labberkram soll Gin Tonic sein?

Questa schifezza sarebbe un Gin Tonic?!

Mach bloß nicht so einen Aufstand wegen der Sperrstunde, du Spießer!

Non fare tanto casino per la chiusura!

Hier ist heute abend aber total tote Hose!

Che mortorio sta sera!

Souvenirs, Souvenirs.
Beim Einkaufen

Ansprüche haben die Zurückgebliebenen! Als ob sie nicht genug Tinnef zu Hause hätten, muß es trotzdem noch ein Mitbringsel von der Reise sein. Die Stange zollfreier Zigaretten zählt da nicht.

Von wegen reine Wolle. Wollen Sie mich für dumm verkaufen?	Macché lana pura. Mi vuole prendere in giro?
Für den Fummel wollen Sie mir auch noch Geld abknöpfen?	Per questo straccetto vuole anche essere pagato?
Das gehört wohl auf den Sperrmüll und nicht hier in den Laden!?	Questa roba starebbe meglio dal rigatiere che non in questo negozio?
Können Sie Ihre Leute nicht mal 'n bißchen auf Trab bringen?	Non puó mettergli un po' di fuoco sotto al culo?

Was kostet der Scheiß bei euch?

Quanto costa questa merda?

Diese Preise sind echt frech!

Sono prezzi veramente sfacciati!

Wehwehchen unterwegs.
Arztbesuch

Einer von euch hat sofort 'ne Sonnenallergie, und du kommst einfach nicht mit den fremdländischen Gewürzen zurecht. Was bleibt, ist, sich dem Quacksalber am Ort auszuliefern.

Sie spannen wohl gar nicht, was ich Ihnen da verklickern will?

Non riesce proprio capire quello che Le voglio spiegare?

Sie machen mich noch ganz krank!

Mi fate crepare!

Sie sind ein elendiger Kurpfuscher!

É solo un macellaio!

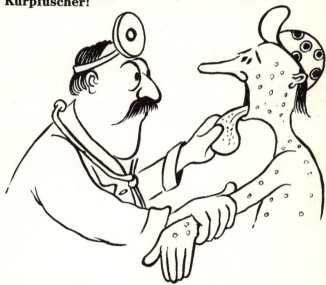

Aber hier ist doch alles geschwollen/gerötet. Hast du denn Tomaten auf den Augen?

Ma qui é tutto gonfio/rosso. Hai le fette di salame davanti agli occhi?

Aua! Sie haben wohl nicht alle Tassen im Schrank!

Ahi! Le manca una rotella!

Keine Kohle an Bord.
Auf der Bank

Die große Entscheidung vor jeder Reise: Tausche ich zu Hause oder im Ausland? Meist läuft es auf ein »sowohl als auch« hinaus, weil mal wieder alles teurer geworden ist als im Vorjahr. Und prompt habt ihr eine Pflichtveranstaltung mehr auf eurem Programm.

Wieso Personalausweis? Sie sehen das alles ein bißchen zu eng!

Non essere cosí limitato! Perché la carta d'identitá?

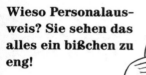

Hier bei euch sind wohl nur Transusen beschäftigt?

Siete tutte delle lumache?

Ich glaube, mein Glasauge hat 'nen Sprung!

É assurdo / pazzesco / roba da matti!

Nun mal halblang. So was nennen Sie »guter Kurs«?

Piano, piano. É questo sarebbe un cambio favorevole?

Schieb schon den Schotter rüber, alter Geizknochen!

Cassia i soldi, avaraccio!

Deine Freunde, deine Helfer.
Die Polizei

Die Staatsgewalt ist allgegenwärtig. Je heißer der Sommer, desto prächtiger ihre Uniform. Man kann ihnen alles mögliche vorwerfen, nur nicht, daß sie ein Herz für Touristen hätten.

Dumm geboren und nichts dazugelernt!

Scemo sei e scemo resti!

Ihr habt hier wohl alle 'ne Vollmeise?

Siete proprio tutti pazzi!

Ist mir doch scheißegal, ob hier Parkverbot ist!

Me ne frega un cazzo se qui é divieto di sosta!

Ihr seid doch alles verkappte Faschisten!

In fondo siete dei fascisti!

Quatschen Sie mich nicht von der Seite an!

Non fare tanti giri di parole! Parli chiaro!

Basisschimpfen
von
A(asgeier)
bis
Z(imtzicke)

Aasgeier	avvoltoio / taccagno
Alte	mala / vecchiaccia
Angeber	spaccone / fanfarone
Armleuchter	ignorante / coglione
Arschloch	buco di cub / testa da cazzo / stronzo / faccia di culo ☠ / mortacci tua! ☠
Arschficker	recchione
Arschkeks, verfluchter!	Maledetto stronzo! / Fetente di merda! ☠

für'n Arsch	per il cazzo
Ich bin völlig im Arsch!	Sono sfatto/a! / Sono col culo in terra!
Du hast den Arsch offen!	Ti prude il culo! / Sei Proprio un coglione!

Leck mich am Arsch!	Ma vaffanculo! Vai a farti/fottere!
aufgeilen	arapare

breit sein	essere sbronzo
Backpfeifengesicht	faccia da schiaffi

beinhart	durissimo
sturer Bock	nomo testardo / nomo cocciuto / testa dura
geiler Bock	vecchio porco

Bruchbude baracca / tugurio / catapecchia

Bullenschwein piedipatti
bumsen scopare / chiavare / fottere
Bumslokal bettola

Chaot casinista

Drecksack	stronzo / pezzo di merda ☠
Dösbaddel	cazzomatto / minchione
Drecksnest	sacco di merda
Dummkopf	scemo / testa da cazzo
dumme Nuß	cretino
dumme Pute	cogliona

Eier	coglioni / palle
Esel	asino

Fresse! Tu parla quando pisciano le galline / zitto/a!

Flegel villano / zoticone

fressen abbuffarsi

Fettarsch culone

ficken chiavare / ficcare / scoppare

Fick dich ins Knie!	Schiaffatelo in culo! / Va in culo!
Filzlaus	piattola

Flasche	bidone / schiappa
Flatter machen	tagliare la corda / sviguarsela
Fummel	straccetto
Fusel	brucia budella

Giftzahn	lingua velenosa
blöde Gans!	stupida oca
geil	forte
geiles Luder	mangia cazzi ☠
Gesöff	intruglio
Giftzwerg	nano velenoso
Grufties	vecchíí

Halsabschneider	truffatore
Himmel, Arsch und Zwirn!	Porco dio! / Mannaggia la madonna!
hirnrissig	senza cervello
Hornochse	cretino / cornuto ☠
feiger Hund	vigliacco

Ich versteh' nur Bahnhof!	Non capisco un cazzo!
Idiot	idiota

kotzen	vomitare
Korinthenkacker	pignolo/a
Kamel	cammello / cretino / scemo
Kanaker	caffone, zulu
Käsequanten	piedi fetidi
Knacker	fossile
Knalltüte	imbecille

Kotzbrocken	rompiballe
Kümmerling	bruttarello

Du Lusche! Schiappa!

labern	cianciare
Lahmarsch	culomoscio
lahme Ente	tartaruga

linken imbrogliare

Macker	bullo
Halt's Maul	Chiudi il becco!
miefen	puzzare

Nepp	buggeratura
Nervensäge	rompipalle
Nutte	puttana / mignotta / ficona / battona

Penner	barbone
Pack	canaglia / zozza
Pampe	pappa / chiavica

Piefke	nuovo ricco
Pisse	piscio
Verpiß dich!	Va in mona! / Vattene via!
plattmachen	schiacciare

Quacksalber ciarlatano

Rowdy	teppista
reihern	vomitare
Reiß dich am Riemen!	Controllati!
rote Sau	porco communista
Rotzfahne	moccichino
Rübe	zucca

fauler Sack	palloso
Du gehst mir auf den Sack!	Mi stai sul cazzo! / Mi rompi le palle!
Schnarchsack	perditempo
Saftladen	casino
Sargnagel	tu porti qualcuno alla tomba
Saustall	stalla
saufen	sbronzarsí
saumselig	lento / malfidato / pigro
Scheiße	merda / cacca / cazzo / cacchio / che rompicazzo! / che rompipalle! / porco dio!

Klugscheißer	intelligentone / sputasentenze / saccente
Scheißspiel!	Merda!
Schlampe	sciattona / puttana
Schmierentheater	fábbrica di palle

Schnepfe	sgualdrina
Schwanz	cazzo
Schweinepriester	lurido prete
Sense!	Fine! / Chiuso! / Finito!
Siff; versifft	schifo / fa schifo
Du spinnst wohl!?	Dai i numeri? / Sei scemo!
Stinkstiefel	rompipalle / coglione
Das stinkt mir!	Che palle! / Mi sta sul cazzo!

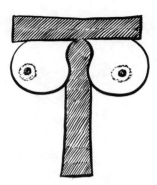

Titten	tette / zizze
Transuse	lumaca inválida
Trottel	defievente / imbecille / cretino
Tussi	amichatta

vögeln	chiavare / scopare / ficcare
vergammeltes Loch	buco puzzolente
Vergiß es!	Lascia perdere!

Waschlappen	pasta frolla
Was geht hier ab?	Che cazzo succede?
wichsen	farsi una pipa / farsi una sega
alter Wichser	segaiolo

fauler Zauber   imbroglio
Zieh Leine!   Vattene via! / Squaglia!
Zimtzicke   isterica